Todos los libros de Linkgua Ediciones cuentan con modelos de Inteligencia Artificial entrenados por hispanistas. Pregúntale al chat de tu libro lo que desees acerca de la obra o su autor/a.

Para ebooks: Accede a nuestro modelo de IA a través de este enlace.

Para libros impresos: Escanea el código QR de la portada con tu dispositivo móvil.

Obtén análisis detallados de nuestros libros, resúmenes, respuestas a tus preguntas y accede a nuestras ediciones críticas generativas para una experiencia de lectura más enriquecedora.
La transparencia y el respeto hacia la autoría de las fuentes utilizadas son distintivos básicos de nuestro proyecto. Por ello, las respuestas ofrecen, mediante un sistema de citas, las fuentes con las que han sido elaboradas.

Francisco Carrera y Jústiz

La Constitución de Cuba
y el problema municipal

Barcelona 2024
Linkgua-ediciones.com

Créditos

Título original: La constitución de Cuba y el problema municipal.

© 2024 Red ediciones S.L.

e-mail: info@linkgua.com

Diseño de cubierta: Michel Mallard.

ISBN rústica: 978-84-9953-627-9.
ISBN ebook: 978-84-9007-611-8.

Sumario

Al Congreso Cubano

La Historia es la Política del pasado y la Política es la Historia del presente.

Razón de este folleto

Varios miembros, muy distinguidos, de la Cámara de Representantes, se dignaron visitarme, manifestándome que aquella había acordado suspender por tres días la discusión de la Ley Municipal, al efecto de que la Comisión respectiva tuviese conmigo, sobre ese asunto, unas conferencias parlamentarias.

Verificadas estas en el salón de sesiones de la Cámara, tuve el honor de exponer mis ideas al ilustre Presidente de dicha Comisión y a otros dignísimos Representantes que formaban parte de aquella, o que allí se encontraban por afición a la materia.

La brevedad del tiempo disponible, limitó, naturalmente, la exposición de los juicios que tan importante asunto demanda, y he considerado que la honra, tan grande como inmerecida, de tal consulta, me obligaba a corresponder, por lo menos, con una tentativa de explanar, bajo algún método, las ideas allí improvisadamente emitidas.

He ahí la intención de este trabajo, que, con el más profundo respeto por la Cámara y la Comisión referida, y especialmente con mi gratitud a los dignos Señores Representantes que se sirvieron visitarme a dicho efecto, presento como ampliación de lo ya expuesto.

La Constitución de Cuba y el problema municipal

Magnitud del problema

El Municipio es la verdadera Patria; la que vemos; la que conocemos con todos nuestros sentidos.
Sismondi.

Dentro de la Filosofía Política, la creación de una república democrática presenta, en orden general, dos aspectos esenciales, íntimamente relacionados entre sí.

Uno es, el aspecto teórico fundamental, que consiste en la promulgación del Código político, o sea la forma de organización con que el nuevo Estado ha de cumplir, a través de la Historia, su misión internacional. Y esto, es decir, la Constitución del Estado, se limita a trazar las líneas generales, el marco dentro del cual se ha de comprender después el cuadro efectivo y verdadero de la vida nacional.

El segundo aspecto, se contrae ya a ese cuadro real de la vida de la nación. Es tan interesante como el primero. Es su indispensable complemento.

Por eso se llaman, en Derecho publico, Leyes complementarias de la Constitución, generalmente a las que organizan las instituciones necesarias para que el Estado pueda cumplir sus fines.

Y entre esas Leyes complementarias, ninguna de mayor importancia que las que organizan las Instituciones locales, los Municipios, que son las partes sin las cuales no se concibe la existencia del todo Estado.

Henrion de Pansey dijo que el Municipio «no es una creación de la Ley, sino que existe por la fuerza misma de las cosas; es, porque no puede menos de ser».

Dentro de todos los sistemas políticos, en todas las escuelas de Filosofía social, se reconoce que está en la voluntad de los hombres crear los Estados y las Provincias; pero jamás la fantasía de los más avanzados reformistas osó pensar, siquiera, en crear los pueblos. La razón de esto la sintetizó admirablemente Tockeville, con estas hermosas palabras: «El hombre constituye los reinos y crea las repúblicas; pero el Municipio ha salido directamente de las manos de Dios.»

Se concibe una ciudad, una aldea, un pueblo cualquiera, sin Provincias y sin Estado. Lo que no se concibe es un Estado sin pueblos.

Un principio de biología jurídica, confirmado por la historia y por la experiencia, proclama que la realidad es anterior a la Ley y por consiguiente, el hecho, anterior al Derecho.

He ahí la relación entre el pueblo y la nación, entre el Municipio y el Estado. Aquél es la realidad viviente: el hecho. Éste es la abstracción unitaria: el Derecho.

En otro orden, tenemos, por lógica consecuencia, que la Constitución del Estado da forma a la Nación. Pero no basta la Ley de la forma del Estado. Se necesita la Ley de la vida del Estado. Y ésta es la Ley municipal; es decir, la Ley que organiza y regula el desenvolvimiento de los organismos realmente vivos que forman el Estado; puesto que, es en los pueblos y en las ciudades, es decir, en los Municipios, donde el Estado piensa y siente, donde atrasa o prospera, donde se vigoriza o se aniquila, donde se eleva o se envilece.

De ahí la trascendental importancia que presentan los Municipios, en relación a la existencia y prosperidad del

Estado; y por eso toda Ley orgánica de las Instituciones locales, afecta, en la médula misma, la vida nacional.

El prestigio de las Municipalidades, es seguro exponente, por tanto, de la prosperidad de las naciones.

Así vemos que en Inglaterra, Lord Rosebery pasa de la Presidencia del Gabinete inglés, al Concejo Municipal de Londres y Lord Chamberlain cesa como Mayor de Birminghan, para ser ministro de la Corona. En Francia, a Casimir Perier, apenas renuncia la Presidencia de la República, le encontramos Concejal de su pueblo. En Alemania, el doctor Virchow, que llenó el mundo con su fama de sabio, formaba parte del Concejo Municipal de Berlín, y en los Estados Unidos se indica como probable candidato para la Presidencia de la Gran República, al Mayor que fue de Cleveland (Ohio) Mr. T. L. Johnson.

Lo que motiva la importancia actual de la cuestión

El bosquejo que precede, caracteriza el alto interés con que las naciones más cultas y poderosas cuidan hoy del gobierno local. Pero conviene recordar, someramente, las causas que acrecientan, como hecho de actualidad, la atención de los hombres de Estado y de los publicistas de ciencias sociales y políticas de todo el mundo, sobre los asuntos municipales.

Hace apenas cincuenta años que los pueblos y las ciudades se conservaban todavía aprisionados por las enormes murallas y la doble cintura de fosos, con que, dentro de ese recinto, se defendía la vida de los habitantes, en la guerra inacabable que caracterizó el estado social de la Edad Media.

Una concepción más humana del derecho de gentes, hizo innecesario el cinturón de piedra; los fosos fueron rellenados para dar acceso a los tranvías y ferrocarriles; el telégrafo y el teléfono aproximaron todas las distancias; las máquinas revolucionaron, en lo más hondo, el modo de ser social, creándose industrias que concentraron cientos o miles de trabajadores y se ofreció al mundo un orden de existencia completamente desconocido.

París inició el tipo clásico de la ciudad moderna, y bajo la acción inteligente del ilustre prefecto de Napoleón, el Barón de Hossmann, se borraron completamente las huellas de la antigua Lutecia, dando el ejemplo de dignidad estructural, de grandiosidad cívica que el mundo admira, tanto en las magníficas avenidas de los antiguos suburbios de Passy, como en la soberbia plaza de «La Concordia», creada, en hermosa reivindicación, sobre el mismo sitio donde había sido más activa la histórica guillotina.

Viena emuló a París, siendo hoy su orgullosa rival; Berlín y Londres se hicieron colosales, y a través del mundo, mientras

Europa concentra en las ciudades casi toda la gente de los campos, Norte América construye a Washington, delineada por ingenieros franceses traídos al efecto y luego presenta, de súbito, la segunda metrópoli del Universo, consolidando a New York con Brooklyn.

Concentrados así millones de habitantes, en ciudades no preparadas para tan rápido crecimiento, planteáronse gravísimos problemas sociales, de todos aspectos, que se reflejan en el Gobierno local, ya que un pueblo donde su número de habitantes se eleva, en pocos años, del doble al cuádruplo, sufre una profunda anormalidad, tanto en sus gastos como en sus ingresos y análogamente sucede en sus servicios de orden público, beneficencia, sanidad, educación, y en todas las múltiples manifestaciones de la vida colectiva moderna.

Junto a eso, el lado ético de la cuestión se presenta de lo más trascendental, por cuanto en todos los países, las grandes ciudades y, casi sin excepción las capitales de Estado, atraen multitudes que pueblan los suburbios o alrededores, ofreciendo serio contingente al crimen y a las enfermedades, con todos los peligros de ese doble contagio sobre el cuerpo social. Y esto aporta al problema municipal un aspecto reclamado por la Penología, la Ingeniatura, la Medicina, la Sociología, etc, cuyas conclusiones, a su vez, sirven de luz para otros importantísimos problemas políticos o puramente gubernamentales, que surgen por lógica derivación.

En síntesis; que el gobierno de las ciudades y de los pueblos, perdió ya su aspecto histórico, sencillo y patriarcal, salvo contadas excepciones, convirtiéndose en una verdadera ciencia de carácter propio, a la que contribuyen la Sociología y la Política, tanto como el Derecho público y el Administrativo, la Economía y la Estadística.

Por eso las Instituciones locales, en ese nuevo interesantísimo aspecto, constituyen el estudio predilecto de sabios como Bechard y Fustel de Coulange, en Francia; Carnevali, Minghetti y Sbarbaro, en Italia; Gneist y Monnsen, en Alemania; Fowler y Sir Roberto Morier, en Inglaterra; Gumersindo de Azcárate y Joaquín Costa, en España; Howard, Eaton, Fairlie, Woodruff, Sparling, Rowe, Dana Durand, Wilcox, Young, Goodnow, Dillon y muchos más en los Estados Unidos; y se caracteriza esa nueva rama de los conocimientos, como la de más actualidad tal vez entre las ciencias sociales y políticas, pues no se conoce prueba más avanzada en ese orden, que la bibliografía sobre asuntos exclusivamente municipales, publicada en 1901, por Mr. Robert C. Brooks, en New York, contentiva de 12,000 diferentes trabajos, de 4,500 autores europeos y americanos, lo cual constituye un contingente literario tan enorme, que es prueba irrecusable del extraordinario interés con que el mundo culto estudia hoy tales materias.

Presente constitucional de Cuba

En estas circunstancias, cuando el problema está, por decirlo así, en crisis universal, surge Cuba como Estado y se nos plantea la cuestión, no solo con las serias dificultades que se dejan expuestas, sino, además, con las que atañen a nuestro propio cuadro nacional. Y hay que hacerle frente y resolverla dentro de esa doble complejidad, si bien con la ventajosa situación que nos crea el Status municipal perfectamente determinado por nuestra Constitución.

Esta dedica al «Régimen municipal» todo su título XII, compuesto de once artículos, más los incisos 12 del artículo 68, y 50 y 60 del 99; resultando, con ellos, sabiamente resueltas varias de las más graves cuestiones que otros países tienen pendientes de solución en estos asuntos.

En cuanto a organización de los municipios, se consagra la división de poderes municipales, por cuanto, según los artículos 103, 104 y 113, los términos municipales serán regidos por Ayuntamientos, teniendo cada término su Alcalde; pero éste no será, como hasta ahora, presidente de aquel, sino que se trata ya de entidades distintas, puesto que, una ha de sustituir temporal o definitivamente a la otra, o sea, que si falta el Alcalde, su sustituto ha de serlo, constitucionalmente, el Presidente del Ayuntamiento.

Esta división de poderes, que los Estados Unidos denominan «plan federal», es lo que se impone en una clara concepción del Gobierno local, pues éste contiene todos los elementos sustanciales del poder público, en sus aspectos deliberante y ejecutivo; siendo anticientífica y causa de muchas dificultades, la unión de ambos poderes, sobre que, con esta confusión, se hace imposible centralizar la responsabilidad.

Todos los tratadistas de Derecho administrativo, afirman que lo más temible y perjudicial en la administración publica, es «la acción irresponsable» y este daño se evita con la separación de poderes, que hace al Alcalde Jefe único de la administración municipal y él queda, así, con toda la responsabilidad que, por tanto, hay en su caso, a quien exigírsela; no sucediendo eso cuando aquella queda compartida entre el Alcalde y el Ayuntamiento, tal como hoy acontece.

En el artículo 105, caso 19, se estatuye que corresponde a los Ayuntamientos «acordar sobre todos los asuntos que conciernan exclusivamente al término municipal» y esta amplia declaración, deja resuelta en Cuba, categóricamente, el más grave de los problemas municipales que existe en los Estados Unidos, o sea, el de los «poderes enumerados», base, allí, de inacabables conflictos, entre la autonomía de las ciudades y la ingerencia, en éstas, de la Legislatura de los Estados.

En efecto; dos sistemas existen acerca de ese particular.

Uno europeo, inspirado en el principio de que el Gobierno municipal tiene todos los poderes necesarios para satisfacer las necesidades puramente peculiares de la Sociedad local, excepto aquellos que el Estado expresamente se reserva. Y otro, norteamericano, de origen inglés —pero no practicado hoy por Inglaterra— perfectamente contrario, o sea, que el Gobierno municipal tiene solamente las facultades que le resulten concedidas de modo expreso.

Con el sistema europeo, científico y genuinamente racional, la experiencia muestra una sólida normalidad de la vida municipal, crecientemente próspera, que ha permitido acentuar el principio, lógicamente, al extremo de que, caso de duda, la presunción cede siempre en favor de la autonomía local y así pasa en toda la Europa culta, sin más excepción que España, Portugal, Turquía y Rusia.

En cambio, los norteamericanos, con sus poderes enumerados», han llegado a anular la autonomía de las ciudades, en tales términos, que el Gobierno municipal de los Estados Unidos, si se suprime el Alcalde electivo, resulta una monarquía absoluta y la ciudad es, entre ellos, «un esclavo abyecto de la Legislatura del Estado», según frase del ilustre publicista Mr. Horace E. Deming.

Penetrados en Cuba, crecientemente, como estamos, por la influencia social y política norteamericana, es muy plausible que nuestra Constitución se haya sustraído del pernicioso ejemplo que eso nos ofrece y que habría sido, entre nosotros, fuente de grandes males.

Con ese primer inciso del artículo 105, que nos ocupa, será en Cuba anticonstitucional entrar en enumeración de poderes.

La Constitución estatuye que competen a los Ayuntamientos «todos los asuntos que conciernan exclusivamente al término municipal».

Ante esa frase «todos los asuntos», queda excluido el asfixiante casuismo de la enumeración, que, para ser exacto, tendría que ser interminable. Y además, si la Constitución no los limita, es anticonstitucional tasarlos.

Esa es la más sabia consagración de la autonomía municipal. Y una fórmula análoga, es lo único que compensa la dura centralización francesa, que haría imposible la vida municipal en Francia, si su nuevo Código municipal, vigente desde 5 de Abril de 1884, no dijera ampliamente, en su artículo 61, «El Concejo municipal regula»,por sus deliberaciones, los negocios de la comuna».

El sistema municipal francés, aunque mantiene una dura intervención sobre el manejo de los Municipios, que lo hace distinto del resto más importante de Europa, es, sin embargo

—por raro contraste— el que más categóricamente separa los poderes legislativo y ejecutivo del Gobierno local y uno de los que más consagra, en su artículo 61 que se deja copiado, la autonomía municipal moderna, que realmente surgió en París, después de la revolución de 1793, aunque luego Napoleón la hizo ilusoria.

No menos acertada resulta nuestra Constitución, cuando, en sus artículos 103 y 104, limita a solo los Concejales y al Alcalde, los cargos electivos del Municipio.

Así pasa en casi todos los países principales de Europa, con los Concejales; pero los Estados Unidos tienen, además, el Alcalde electivo por sufragio directo y lo mismo una larga serie de funcionarios municipales, que pone en frecuente tortura al cuerpo electoral y evita la fijación de la responsabilidad.

Entre nosotros será inconstitucional elegir más que al Alcalde y los Concejales; y para más caracterizar la idea, está el caso 49 del artículo 105, atribuyendo al Ayuntamiento, categóricamente, el derecho de «nombrar y remover los empleados municipales», sin más excepción que la del artículo 110, en que se otorga al Alcalde ese mismo derecho respecto de los empleados de su despacho».

Aún más ventajoso resulta que nuestra Constitución autorice la ingerencia sobre el Municipio, tan solo por parte del Presidente de la República y del Gobernador de la provincia —artículos 108, inciso 12 del 68; y 59 y 69 del 69— pues limitándola en ese concepto, la fiscalización superior se desenvuelve en un orden puramente administrativo y queda adoptado, con ello, el principio romano, seguido por toda Europa, inclusive Inglaterra, pero no por los Estados Unidos, que utilizan, con extremo abuso, la ingerencia anticientífica y perturbadora de las Legislaturas de los Estados, sobre la administración municipal, ofreciéndonos con ello un pernicioso ejemplo, causa de inmenso malestar, contra lo cual enérgicamente protestan las ciudades, apoyadas por sus más eminentes tratadistas de materias municipales.

Por último, la constitucional consagración de la autonomía en nuestros municipios, evita felizmente, en , Cuba, el nocivo achaque de las cartas municipales, que es nota mantenida hoy en el mundo, tan solo por los Estados Unidos y aun allí, con pésimo resultado.

Baste decir que, en su más famosa charter, la creada para la Greater New York —donde el orgullo nacional norteamericano, cree competir con Londres, en su rivalidad secular con Inglaterra— el fracaso resulta tan notorio, que una de las obras más famosas sobre la materia, dice de la actual carta de la Greater New York, lo siguiente: «En ningún verdadero sentido, puede ese instrumento ser designado una Charter. Es una compilación, por no decir una conglomeración de provisiones, que en determinada proporción, son aplicables a una charter; en su menor parte, son simples leyes generales; en su mayor bulto, son meras ordenanzas municipales. Esa llamada charter, es la más seria invasión y la más grande negativa de la libertad municipal, que ningún Estado culto de esta generación haya sancionado.» Véase *The Government of Municipalities* por Dorman B. Eaton, 1899, Nueva York, pág. 478.

Pero, afortunadamente, es ya anticonstitucional entre nosotros pensar en «Cartas» para las ciudades cubanas, cuando aquellas significan una constitución especial, que, es compatible con el plan norteamericano, pero no con el europeo, que es el que ya nos rige constitucionalmente.

Nuestra Constitución es una carta obligatoria para todas las ciudades, y éstas no pueden salirse de ese cuadro, en lo sustancial.

La Constitución cubana ha adoptado el sistema europeo. Su principio, su fundamento, su espíritu en lo municipal, es unidad y no difusión; armonía y no diversidad; es decir, una sola carta, una sola constitución para todos los Municipios, en vez de cartas individuales.

Pero al mismo tiempo —igual que en Europa— nuestra Constitución consagra, en su título XII, la autonomía local.

¿Cómo, entonces, podrían ingerirse las cartas municipales, dentro de ese espíritu constitucional que las excluye? ¿Cómo es posible, que, dentro de la unidad orgánica municipal, que la Constitución garantiza, se establezcan cartas municipales, solo compatibles con la difusión municipal norteamericana, de que es antítesis nuestra Constitución?

Si la Constitución preceptúa en su artículo 103, la forma en que «serán regidos» los términos municipales y como se elegirán los Concejales; si en su artículo 104, hace obligatorio un Alcalde y la manera de elegirlo; si en el artículo 105, determina las facultades principales de los Ayuntamientos y en el 110 la de los Alcaldes, y contiene hasta once artículos sobre la constitucionalidad de los Municipios ¿qué podrán, entonces, contener las «cartas municipales» cubanas, distinto de lo básicamente ya estatuido?

Ahora bien; para contener eso mismo, la carta municipal sobra. Y si ha de contener otra cosa, entonces ya es inconstitucional.

No caben, pues, ni se necesitan cartas municipales, dentro de la Constitución cubana, como tampoco caben dentro de las Constituciones europeas.

Aquí pudo pensarse en cartas municipales y fueron deseables y hasta necesarias, dentro de la intervención americana; pues nos gobernaba, entonces, un pueblo que tiene arraigado ese sistema y, aunque es el peor de todos a los actuales, al fin, con él se manejan allí y es lo que entienden y practican en los Estados Unidos.

Pero ya que nuestra Constitución, afortunadamente ha creado un «status» definido, armónico para todas nuestras municipalidades, no cabe otra cosa que una Ley municipal que desenvuelva ese espíritu de unidad en que la Constitución se informa; si bien dejando siempre expedito el medio práctico de que cada ciudad se provea —como sucede en Europa— de las modificaciones que sus intereses peculiares demanden, pero todo dentro del espíritu de la Ley municipal común.

En resumen; las cartas municipales, son una institución política del gobierno local, surgida con el espíritu individualista de la Edad media y perdida en la historia, desde que surgió el concepto unitario del Estado moderno; solo la conservan los Estados Unidos, porque estos «Estados», no lo son sino teóricamente, habiendo allí, en realidad, solo «un Estado», o sea, la gran República norte-americana, centralizada en Washington y esa anomalía les obliga a adaptaciones también anómalas, tales como la de las cartas municipales, explicadas por la preponderancia, sobre los Estados, del individualismo local, siendo esto un problema tan serio dentro de la política norteamericana que, de hecho, las Legislaturas de los Estados han anulado la autonomía municipal y, en ese orden, Europa es mucho más democrática que los Estados Unidos.

Nosotros no necesitamos esas adaptaciones, por que, muy previsoramente, nuestra Constitución, crea la unidad del Estado, sin perjuicio de la autonomía local y, por tanto, las cartas municipales, en Cuba, no solo resultan inútiles en orden de hechos, sino anticonstitucionales bajo el punto de vista político.

Tributo de inmensa gratitud merecen, por ello, los autores de esa Constitución, que levantaron bastante el pecho, para no caer en el afán de imitatividad insensata, tan nocivo a nuestro destino nacional.

La Constitución ha creado en Cuba el tipo del Municipio moderno. El desenvolvimiento de su concepto, le toca a la Ley Municipal.

Al amparo, pues, de la Constitución, puede abordarse la organización de nuestras instituciones locales, con éxito seguro, si con resuelta convicción, se excluyen de la obra, dos precedentes que la inutilizarían y que son, uno, la aún vigente Ley Municipal española y otro, el mal fermento que nos dejó, en orden municipal, el período de la intervención americana.

Por qué es mala la ley municipal española

La crítica más segura de una obra legislativa, es siempre la que resulta estudiando comparativamente la opinión que, sobre ella, emitan los partidos que sustentan principios opuestos entre sí.

Bajo ese eclecticismo, puede afirmarse que tendrá muy pocos defectos una Ley aprobada por todos los partidos políticos y, viceversa, tiene que ser detestable aquella que todos la censuren.

Pues en este último caso se encuentra la Ley municipal española de 2 de Octubre de 1877, que aún nos rige y que realmente su mayor vicio es no ser española, puesto que es una mala adaptación francesa, a las municipalidades de España.

He ahí el vicio originario de adaptación, que es funesto en España y que debemos evitarlo en Cuba.

De esa Ley, el señor Silvela, Jefe, allí, del partido Conservador, al tratar de su reforma, ha dicho lo siguiente:

«Repele, con harta frecuencia, de la gestión de los intereses públicos, a los más íntegros y capaces de buena administración; sustituye a las verdaderas autoridades sociales de cada localidad, con inmorales y tiránicos caciques; convierte la Hacienda municipal y provincial, en botín de concusionarios audaces o rapaces; y corrompe las fuentes del sufragio, de suerte que cada elección implique una mayor desorganización de los servicios.»

El señor Moret, verbo del partido liberal de España, en su preámbulo al Real Decreto, fecha 5 de Enero de 1884, sobre reforma de esa Ley municipal, expone que, mientras ella exista en España, «mantendráse el caciquismo con todos sus abominables efectos; con las enemistades y odios de localidad, que engendra o alimenta; con las persecuciones implacables; con aquellas bruscas alternativas, que todo lo dan el día del triunfo o todo lo niegan el día de la derrota; y, por término y remate de tantos males, con la corrupción completa de las conciencias y la perturbación incesante de la vida del país».

El señor Gumersindo de Azcárate, eminente republicano español, en un notabilísimo estudio que titula «De la Administración Provincial y Municipal» —de que tomamos utilísimas notas— fustiga con su maravilloso talento, el sistema municipal francés, diciendo que allí «se confunde la unidad real, natural y necesaria, con la uniformidad irracional y absorbente, que conduce a las funestas facilidades, puestas por la centralización en manos de los gobiernos», y luego añade que, ese sistema francés, «nadie lo copió tan servilmente como España».

Si del orden de los partidos políticos, pasamos a la crítica de los más notables publicistas españoles, el juicio contra esa Ley, no es, por cierto, menos excluyente.

El señor Adolfo Posada, ilustre profesor de la Universidad de Oviedo, en el prólogo de su conocida traducción de la obra «L,a Administración y la Organización Administrativa», escrito en alemán por J. Meyer, dice, con referencia a España, que «su organización político-administrativa, en el presente siglo, es un reflejo de la administración francesa», llegando a decir, en la pág. 374 de dicho libro, «Francia y su hija España.» Herida la imitación tan duramente, ya se comprenderá el juicio que el señor Posada tiene sobre el modelo.

El señor Fernando Mellado, Catedrático de la Universidad central —Madrid— en su tratado de «Derecho Administrativo», edición de 1894, dice de la Ley Municipal española, en la pág. 209, que «es deficiente, confusa y sin criterio fijo, no ajustándose a ningún concepto científico» y añade que «en vez de ser una Ley armónica, contiene un eclecticismo perjudicial», pág. 210.

El señor Joaquín Giralt Verdaguer, distinguido publicista catalán, en un proyecto de reforma municipal de España, publicado en «La Administración Práctica» y sometido al Congreso administrativo celebrado en Madrid en Noviembre de 1898, dice, entre otras cosas, lo que sigue:

«No hemos de hacer aquí un examen de la deplorable y lastimosa situación de España, que ha llegado al mayor extremo de desorganización y abatimiento, ni analizar las múltiples causas que a tal estado le han conducido. La observación menos perspicaz, ha de descubrir bien pronto la principal causa de la presente debilidad de España, que es, indudablemente, el centralismo, nacido, más del espíritu de adulación, que de convicciones propias, por secundar la equivocada tendencia individualista de los revolucionarios franceses.»

Y para no hacer interminable las citas, referiremos lo que, uno de los más elevados talentos de España, el señor Joaquín Costa, dice, con su extraordinaria erudición, sobre la Ley municipal que nos ocupa.

Examina brillantemente el señor Costa, los múltiples problemas científicos que se relacionan con el asunto y añade: «Todas esas cuestiones previas y otras muchas más, habría que estudiar, muy detenidamente, antes de aventurarse a formular un proyecto de Ley municipal. Mientras no se emprenda este camino, que es el único derecho; mientras se prefiera el ancho y confortable, de escribir la ley, con materiales pedidos al surtido inagotable de la fantasía, y podrán salir en la *Gaceta* muchas y bien concertadas leyes, decoradas con el apelativo de Municipales; pero la Ley Municipal, la verdadera Ley que refleje como claro espejo la fisonomía de nuestro Municipio y el genio peculiar de su constitución interna, esa, no acabará de salir, y los pueblos de la Península vivirán, como ahora viven, sin *Ley*, por sus propias costumbres o por el arbitrio de sus regidores.» Véase el prólogo de su obra *Derecho Consuetudinario y Economía popular de España*, Barcelona, 1902.

¡Lástima grande que ese afán insensato de imitar, hiciese a España víctima de su ciega admiración, aún por los más crasos disparates franceses! Y aún más sensibles son esos errores, por cuanto el espíritu estrecho que los determinaba, siendo base, en ese aspecto, de la política colonial de España, también produjo en Cuba sus efectos correspondientes.

El señor Silvela dijo que el centralismo francés, llevado a España, le hizo más daño que todos los hijos de San Luis y los soldados de Napoleón con sus fusiles y bayonetas.

Y sin embargo, ningún país del Mundo ofrece la brillantísima tradición colonial de España, que, mantenida contra las falsas ideas, en esto, de los revolucionarios franceses, habría traído grandes prosperidades allí y en sus colonias.

Un eminente publicista inglés, Mr. Frank S. Hoffman, cuyo juicio sobre España no podrá tacharse, por cierto, de apasionado, dice así: «El primer país del Mundo que obtuvo la libertad municipal, después que las Monarquías lanzaron su espada sobre toda Europa, fue España». Véase *The Sphere of the State*, del autor citado, pág. 190, Londres, 1898.

El historiador americano, Mr. John Fairlie, refiere, en honor de las tradiciones municipales de España, que la primera ciudad que tuvo una «carta-puebla» —las actuales charters norteamericanas— iniciando la faz moderna de la vida constitucional, fue León, siguiendo después las ciudades de Castilla y Aragón, mucho antes que Italia, y el resto de Europa. Véase obra citada, pág. 24.

El principio de la libertad, refugiado en los municipios castellanos, selló con sangre su fracaso, en la batalla de Villalar, cuyo éxito contrario acaso habría cambiado favorablemente los destinos de España y Cuba.

El notable historiador Sunmer Maine, se maravilla de encontrar actualmente en los pueblos del corazón de España, el embrión de libertad local, por democracia directa, que Gneist, en Alemania, Howard, en los Estados Unidos y Freeman, en Inglaterra, estiman la nota de común orgullo, que pueden ostentar todos los pueblos Aryos, como aporte a la civilización universal.

Así se explica que los puros españoles de las montañas y los valles, no inficionados con la perversión política de los Gobiernos centrales, se hayan resistido a los preceptos de la absurda Ley municipal que nos ocupa, hasta eludir, de plano, su cumplimiento, mediante una forma hábilmente discurrida, para ponerse a cubierto, en cuanto a las fórmulas legales.

El señor Manuel Pedregal, en uno de los trabajos que forman el libro *Economía popular de España*, refiere que, bajo el dominio del partido más centralizador, en 1846, los comisionados del pueblo de Bello —Asturias— comparecían ante Notario y redactaban la antigua costumbre, a que valientemente llamaban «Ley», declarándola vigente en el pueblo «por el consentimiento de todos los vecinos, que pueden reunirse cuando lo estimen conveniente, para modificar lo establecido, o proclamar «como Ley», en la localidad, nuevas costumbres, etc.»

En el pueblo de Cué, nos dice don Manuel Foronda, «se cumplen todas las formalidades externas de la Ley Municipal; tienen sus elecciones; exponen al, público los repartos, y su administración es tal, que no ha merecido nunca la menor censura de las autoridades Pues, ni sus elecciones son más que mera forma, ni las cantidades que abona cada contribuyente son las que figuran en el reparto, ni los acuerdos del Ayuntamiento tienen otro objeto que el de ajustar a las formalidades externas de la Ley, lo que al pueblo le conviene.»

No podía recibir esa Ley, de otra manera, un pueblo tan amante de sus libres tradiciones, que el Fuero de León, dado en el siglo XI, año 1058, para que rigiera, también en Galicia y Asturias, contiene este notable apostrofe: «Cualquiera que intentase quebrantar, a sabiendas, esta nuestra Constitución, quier de nuestra progenie, quier de otra, quiébrensele las manos, pies y cabeza, sáltensele los ojos, arroje los intestinos, y herido de lepra y de la espada del anatema, pague la pena con el diablo y sus ángeles, en la condenación eterna».

¡Mentira parece que ese potente espíritu de ingénita libertad, fuente de orgullo patrio y de sano vigor nacional, haya sido castigado tan cruelmente, por el enervante centralismo de una legión de imitadores inconscientes, acaso más ignorantes de los prestigios de su misma patria, que aduladores de las instituciones extranjeras.

Y esa Ley, cuya crítica científica, siempre será muy débil en razón a la crítica social e histórica que sus funestas consecuencias le aparejan, es la que en Cuba nos rige todavía, acaso para que, providencialmente, nos sirva de lección objetiva, sobre los daños de las importaciones extranjeras.

Desacreditada, pues, unánimemente, esa Ley Municipal española, ante el juicio de los más eminentes españoles de la Política activa y de la Ciencia en general, veamos, brevemente, las causas fundamentales que la hacen inaceptable.

En primer lugar, contiene un concepto científico equivocado respecto del Municipio, porque lo considera un mero órgano del poder central, para fines de la Administración general, perdiendo, así, de vista el más interesante aspecto de las municipalidades, o sea, que el Municipio es la Sociedad local, organizada dentro de una extensión superficial, naturalmente determinada por necesarias relaciones de vecindad.

Esa Ley no considera que el Municipio es «Sociedad total», que ha de atender, dentro de sus límites, a todos los fines de la actividad humana; pequeño Estado, que cumple el Derecho, determinando, «per sé», la Ley de sus relaciones interiores, (Reglamentos, Ordenanzas, bandos, etc.; investido de poder, emanado del mismo pueblo que constituye la Sociedad local, para ejercer coacción (multas, arrestos subsidiarios, etc.) a fin de que se cumplan sus acuerdos; y debiendo promover y fomentar todos los órdenes de cultura, según las necesidades y recursos de la Sociedad local. Véase *Tratado de Hacienda Pública*, por don Joaquín Piernas y Hurtado, pág. 533, tomo 19.

La Ley española, ateniéndose al sistema centralizador de Napoleón I, quiso ver en los municipios, solamente, medios mecánicos de gobierno, a la disposición del Gobierno Central, sin propias iniciativas, ni más que una subordinación, casi militar, al Poder ejecutivo supremo.

Así nos dice el Profesor señor Posada, antes citado, que como España es un organismo político centralizado, la función administrativa es centralizada en su constitución, en sus procedimientos y en sus tendencias y añade que, el Poder Central, domina, en absoluto, todo el organismo político, por la potestad reglamentaria, por la discrecional, por la subordinación de todos los funcionarios al Jefe supremo y por la intervención en la vida privada de las Provincias, mediante el Gobernador, y en la de los Municipios, mediante los Alcaldes, dependientes de los Gobernadores, y mediante la disolución de Ayuntamientos y la aprobación de sus presupuestos. Obra citada, pág. 304.

Dentro de ese espíritu y esos procedimientos, se ha perdido de vista que cada pueblo es un ser vivo, con personalidad propia, la que le resulta de la suma de los seres reales y efectivos que lo componen.

Se ha desconocido que —como dice el señor Joaquín Costa, con la inspiración de su poderoso talento— aunque cada pueblo, mirado desde cierta altura material, parezca un tablero de ajedrez, con las manzanas de sus casas, sus calles, sus barrios, sus suburbios, etc., sin embargo, «tiene alma y en esa alma obran energías potentísimas, que no dimanan del Estado sino que tienen su fuente en ella misma».

La Nación es el Cuerpo social, vivo, al cual el Estado le ofrece la forma orgánica del Derecho y en ese Cuerpo nacional, los pueblos, por pequeños que sean, son miembros vivos, cada uno con su misión providencial, concurrente a la vida del todo; pero con su función tan propia y exclusiva, como la que, dentro, del cuerpo humano, le toca a cada miembro, u órgano; y, está tan fuera del Poder y de la voluntad humana, trazarle rumbos distintos a la digestión o a la circulación de la sangre, como está fuera de las posibilidades del Gobierno Central, hacer que un pueblo varíe su naturaleza y tradiciones o que varíe su carácter y sus tendencias.

Desconocer el Legislador todo eso, es divorciarse de la realidad y hacer Leyes ilusorias, que pugnan con la efectividad de la vida colectiva, donde la Ley debe ser el elemento regulador y no rémora para su desenvolvimiento.

Por eso es mala la Ley municipal española; por qué desconoce todo eso que debió tenerlo, principalmente, en consideración; por qué solo persigue el equivocado fin de atraer al centro del Cuerpo social, todas las energías, en vez de dejar que éstas actúen, convenientemente repartidas, para que, del ejercicio armónico de todos los miembros, cada uno en su esfera, sin atrofiarse ninguno por falta de su natural movimiento, resulte el cuerpo todo robusto y vigoroso.

Nada más absurdo, por tanto, que fijar extensión superficial y número de habitantes, para constituir Municipio; pues a tanto equivale como a amputar dedos de la mano, porque resultan ser miembros pequeños, o suprimirlos todos, porque, en vez de ser cinco, no son nueve.

El Municipio, como formación natural, espontánea y tan pronto como resulta su existencia, hay, por parte del Estado, el deber de reconocerla y facilitarle el desenvolvimiento de la vida del Derecho.

España misma tiene entre sus 9,287 municipios, 3,167, con menos de 600 habitantes, que no han esperado a más, para crearse la vida colectiva, con su correspondiente organización gubernamental.

Francia tiene 16,542 municipios inferiores a 500 habitantes y el Reino Unido, solo en el país de Gales, varios miles de muy pequeñas municipalidades.

Donde quiera que exista una agrupación espontánea de habitantes, con la comunidad de vida que necesariamente dimana de las relaciones de vecindad y sobre una extensión superficial que pueda considerarse con localización propia, allí ha de existir un Municipio, sea cual fuere el número de sus habitantes, con tal que tenga elementos suficientes para la organización gubernamental propia.

¿Quién dudaría que 500, o menos vecinos, pudieran representar, en muchos casos, por laboriosidad propia o elementos locales de fortuna, más riqueza que muchos miles en otro lugar?

En resumen. Las unidades locales ciudades, villas, pueblos en general —pueden ser considerados en éstos dos conceptos.

O como meras partes de un todo más grande —el Estado— para ser gobernadas por las autoridades que establece el Estado.

O como entidades que tienen una individualidad propia, distinta de la del Estado, con necesidades peculiares, que no son las del Estado y con los derechos consiguientes a la satisfacción de esas necesidades.

El primer concepto, fue el asignado a las ciudades francesas, por Napoleón I.

Fue eso posible y acaso provechoso, bajo la inspiración y la autoridad personal inmediata de aquel hombre extraordinario, cuyo carácter de hierro sobrecogió al Mundo.

Pero faltó esa razón personal, y por tanto transitoria, que justificaba el sistema, y éste, hoy, solo vive, por la fuerza de la tradición, en Francia, y por la de la imitación, en España, que lo impuso también en Cuba, donde aún en éste momento nos rige.

Consideradas las unidades locales en el otro concepto, les resulta la posesión asignada a la ciudad alemana, bajo el orden científico y a la inglesa, bajo el orden práctico —self-government— según el cual, las autoridades municipales tienen la determinación de la política local, es decir, la fijación de la conducta que mejor convenga para que el Gobierno municipal satisfaga, en cada caso, las necesidades comunes de las personas comprendidas dentro del término municipal, como también, la implantación de cuanto se considere conveniente a la prosperidad, bienestar y mayor cultura posible de la sociedad local considerada en conjunto, o sea, la municipalidad.

Pero no son solo esos aspectos de la L,ey española, los que le hacen inaceptable; sino que además, cuando quiso entrar, de propia iniciativa, en campo nuevo, lo hizo con pésima fortuna y así tenemos que, la Junta Municipal, como Institución propia exclusiva de esa L,ey—porque en ningún otro país, ni aún en Francia, existe—ha sido un fracaso que ha contribuido a su descrédito.

Esa Junta, que debe su organización al sorteo —lo cual no es título de capacidad— tiene atribuida una misión fiscal que nunca ha podido cumplir eficazmente, por la forma ocasional que se le da a sus funciones y no solo se evidenció como organismo inútil, criticado por los mismos autores españoles —véase Mellado, obra citada, págs. 269 y 284, sino que falsea, ante el pueblo, el principio de la responsabilidad municipal, al regular su cumplimiento de manera tan deficientemente discurrida.

Esa Ley, desacreditada, pues, tan unánimemente en España, es la que aún nos rige; pero aquí fue peor, si cabe.

En efecto; implantada en 1878, el estado político de Cuba hizo imposible el verdadero asiento de las nuevas Instituciones locales. Un Ayuntamiento y un Alcalde, que dentro de esa Ley valen poco, aún en España, aquí valieron menos, debilitada su influencia por la que ejercía en todos los Municipios rurales el Teniente de la Guardia Civil, sucesor, en varios conceptos, del omnímodo Poder que ejercieron los Tenientes Gobernadores; y aún en la Habana, como en las otras ciudades de alguna importancia, jamás la acción del Municipio evidenció planes de aliento, mucho menos si en algún modo no eran gratos al Gobernador general de la Colonia.

¿Cabe, pues, tomar algo de esa Ley española que aún nos rige? ¿Es posible adaptarnos a ella, ni en su letra, ni en su espíritu, ni en su organización?

No es posible. En primer término, por que sería anticonstitucional hacerlo, desde el momento en que nuestra Constitución rompió, por fortuna, los viejos moldes y levanta su

espíritu a ideales más altos sobre la concepción del Municipio. Y en segundo lugar, por que no cabe una Ley moderna
Municipal, sin consultar las corrientes de la ciencia y ya hemos visto, por las mismas autoridades políticas de España,
que esa Ley es anticientífica, copia servil del centralismo a la
francesa, con un perjudicial eclecticismo.

Hay, por tanto, que soltar los andadores franceses con que
España marcha entre tropiezos y andar solos, con propia
inspiración, con iniciativa científica, tomando sanas experiencias, en lo que sean compatibles con nuestro estado de
cultura.

Por qué es malo lo que trajo la intervención americana

Para fundamentar esta afirmación, seguiremos el mismo plan con que hemos demostrado que es inaceptable la vigente Ley municipal española.

Haremos, pues, algunas breves referencias, para sintetizar la crítica que los mismos publicistas norte-americanos, más connotados, hacen sobre las instituciones municipales de su propio país.

El Profesor John Fairlie, en la obra tal vez más reciente y más completa sobre esas materias «Municipal Administration», Nueva York, 1901, formando juicio acerca de los Estados Unidos dice, en la pág. 102, lo siguiente:

> Hemos examinado desde el simple y desorganizado gobierno del Concejo Municipal, hasta las complicadas máquinas administrativas de los actuales Departamentos municipales. En ese proceso, la dirección central de los negocios municipales, ha cesado de estar en el Concejo municipal —Ayuntamiento— y en la mayoría de las ciudades americanas, la autoridad está distribuida y disipada, sin principios fijos, entre el Concejo, el Mayor y la Legislatura del Estado; viniendo a desacreditarse, aún más, éste sistema, con la invasión de la política nacional en las elecciones municipales, para disponer de los cargos retribuidos del Municipio, como premio de servicios políticos electorales.

El notable publicista Mr. Dorman B, Eaton, en su citado libro, también muy reciente «The Government of Munipalities» —Nueva York 1899 —dice en el prólogo lo siguiente:

> En medio de la contrariedad y confusión que nuestra organización municipal produce, por la precipitación con que se la ha

establecido, se siente —en los Estados Unidos— la necesidad de algún plan y de alguna teoría sobre gobierno municipal, cuidadosamente considerada, sobre las bases de los principios y de las experiencias.

Autoridad tan respetada como el Profesor Frank J.
Goodnow, de la Universidad de Columbia, en el prefacio de su notable libro «Municipal Home Rule», Nueva York, 1897, dice:

> El carácter deficiente del Gobierno municipal americano, en los últimos pocos años, atrae especial atención sobre los problemas que presenta, los cuales son más numerosos y más importantes, por el extraordinario desenvolvimiento de la vida municipal.»
> Y luego, al comenzar el Capítulo 1°, añade: «sin duda, ninguna parte del sistema de gobierno americano, causa tan mala impresión como el gobierno de las ciudades; debido eso, en parte, a la imperfecta realización de numerosos e importantes deberes.

El más eminente de los tratadistas americanos de materia municipal —a juicio del ilustre escritor inglés Mr. James Bryce— o sea, el autor, entre otras obras famosas, de «Municipal Government in Continental Europe y de «Municipal Government in Great Britain», Mr. Albert Shaw, en un discurso pronunciado en la Liga nacional municipal de los Estados Unidos, celebrada en Indianápolis en Diciembre de 1898. *Proceedings*, pág. 82, dice:

> Si se me pidiera que caracterizase con una síntesis, lo que distingue, en los pasados treinta años, el Gobierno municipal de América y el de Europa, diría que, en los Estados Unidos, hemos estado haciendo y deshaciendo cartas municipales, para

administrar con ellas del modo peor posible, mientras Europa ha aplicado sus energías a administrar prósperamente sus ciudades, con arreglo a la carta general a que equivale, para todas ellas, la Ley orgánica de todas las municipalidades. En otras palabras; nosotros hemos estado haciendo, deshaciendo, enmendando y reparando mecanismos municipales, mientras Europa ha estado usando su máquina municipal, con el resultado de una vida de adelanto en sus pueblos.

Y después, en la pág. 87, juzgando los perjuicios que produce en los Estados Unidos el sistema de «charters» para gobernar las ciudades, añade:

> Yo niego, categóricamente, que haya ninguna ventaja en dejar a una ciudad decidir por ella misma, si el poder de hacer nombramientos residirá, o no, en el Mayor, etc., y otras cuestiones análogas. Cuando tales detalles se dejan para que los resuelva a su modo cada comunidad, queden o no sujetos a la ratificación de la Legislatura del Estado —que usualmente los ratifica— esos asuntos casi nunca son resueltos por verdaderas razones de interés público. Nosotros todos somos testigos de muchos de tales cambios de «charters» en los Estados Unidos y casi sin una sola excepción, todos han sido hechos en favor de una serie de individuos, que mantenían cargos públicos y que se aprovechaban a expensas de otra serie de individuos o del pueblo en general.

Realmente no puede escribirse una oración fúnebre más autorizada, al sistema de cartas municipales, que tan solo los Estados Unidos conservan en el mundo moderno.

El doctor L. S. Rowe, profesor de la asignatura de Gobierno municipal en la Universidad de Pensilvania, en un brillante trabajo titulado «American Political Ideas in their Relation to the Problem of City Government.»

—Las ideas políticas americanas, en su relación con el problema del gobierno municipal —afirma que, en materias municipales, los Estados Unidos están en pleno período de experimentación, y luego dice:

Un análisis de las actuales consideraciones de la vida municipal, muestra la presencia de causas profundamente arraigadas en nuestro sistema político, las cuales explican, suficientemente, la general vacilación que existe en apreciar cual sea la organización municipal más conveniente y explica, también, la notable divergencia de opiniones sobre algunas de las cuestiones más fundamentales de la política municipal.

Y luego añade:

En vez de organizar nuestras municipalidades, con debida referencia a los problemas que ellas necesitan resolver, nosotros, consciente o inconscientemente, nos atenemos a aplicar analogías tomadas de nuestro gobierno nacional.» Y concluye diciendo «retengamos; en hora buena, nuestro Mayor electivo, con poderes independientes, ya que esto es un sistema al cual venimos estando atenidos; pero no degrademos el Concejo municipal, convirtiéndolo en una mera sombra de existencia política. Procediendo así, estamos anulando el mayor estímulo para que el pueblo vigile activamente la administración municipal, y esta vigilancia es el precio de todo buen gobierno.

Mr. Horace E. Deming, el sabio ilustre a quien se confirió la presidencia del comité de estadistas, que redactó el programa de la Liga nacional municipal de los Estados Unidos, verdadero monumento de Derecho público constituyente, comienza un hermoso trabajo titulado, «El Problema municipal en los Estados Unidos», con estas palabras:

El Gobierno municipal en los Estados Unidos es desde luego menos satisfactorio que el gobierno nacional y que el del Estado. Muchos afirman que el más notorio fracaso de la democracia, como una de las formas de gobierno dentro de la civilización industrial moderna, se ve patente, en las ciudades americanas. En muchos de los Estados americanos, se han hecho prolijas investigaciones e informes sobre las materias de Gobierno municipal y sin embargo, los mismos males, se presentan una y otra vez. Lateralmente, miles de miles de estatutos y de enmiendas constitucionales se han promulgado para inquirir o remediar esa situación. Sin embargo, la situación permanece igual. ¿Es que no hay esperanzas de remedio? ¿Es que con la forma de gobierno democrático-republicana, es imposible conducir, honrada, eficaz, económica y progresivamente, los negocios municipales?

Y después añade:

En la Gran Bretaña y sobre el Continente de Europa, bajo la más amplia variedad de sistemas gubernamentales que mantienen Inglaterra, Francia, Alemania, Austria-Hungría y Bélgica, las ciudades son notables ejemplos de eficacia, economía y progreso.

En todos esos países el gobierno de la ciudad, por lo que se contrae a la determinación de la política local y a la administración de sus intereses locales, es mucho más democrático que el gobierno general, no solo en la concepción del Gobierno, sino en la práctica. El fracaso del Gobierno Municipal en los Estados Unidos, por tanto, escasamente puede ser atribuido al carácter democrático de las instituciones americanas. ¿Entonces, a que es debido ese fracaso?

No seguiremos al ilustre escritor en averiguar las causas.

Bástenos con reconocer el efecto que tan categóricamente evidenciado queda con las múltiples citas que preceden.

Podríamos añadir, que entre los escritores ingleses, Mr. James Bryce dice que «aún en las más grandes ciudades de los Estados Unidos, el Gobierno local ha caído en manos de políticos profesionales, que han pervertido su ejercicio, convirtiéndolo en una sórdida oligarquía.»

Véase *The Predictions of Hamilton and De-Tockeville*, por el citado autor, pág. 52.

Y otro famoso publicista de las más caracterizadas Revistas científicas de Londres, en un artículo titulado:

«The Trend in American Cities» —La tendencia de las ciudades americanas— después de referir múltiples casos de corrupción administrativa en los municipios, dice:

La sola idea de ese aspecto de las ciudades americanas —caciques con códigos de moralidad semi-bárbaros, funcionarios defraudadores e ignorantes, concejales mediocres en su habilidad y corrompidos en su carácter— produce en el ciudadano inglés, la impresión de que, en ellas, no es posible seguir el ejemplo de las ciudades inglesas, en cuanto al engrandecimiento de las funciones municipales.

Para explicar esas fuertes conclusiones del notable publicista inglés, importa consignar que, antes, revisa múltiples casos de corrupción municipal en Filadelfia, Chicago, San Louis, etc. Y especialmente sobre New York dice lo siguiente:

En Abril de 1899, el Partido Republicano, bajo el «boss» —cacique— Platt, que manda en la Legislatura del Estado de Nueva York, nombró una Comisión que, con la presidencia de Mr. Mazet, investigara el Gobierno Municipal de New York, que estaba bajo la dominación del cacique Democrático —boss— Croker. Mr. Croker, espontáneamente, fue a declarar y se vanaglorió exponiendo su filosofía política. El mostró con encantadora sencillez, que aquella descansa en la moralidad de los muchachos de la calle y que sus fundamentales principios son éstos: siempre con mis compañeros; a los victoriosos pertenecen los despojos; todos los nombramientos deben depender del Jefe del partido político triunfante; los jueces deben contribuir a los fondos electorales del partido político en el poder; todos los empleados municipales, desde el barrendero hasta el Tesorero municipal, deben hacer profesión de fe al partido dominante. ¿Se dice que trabajo por mi propio beneficio? —añadió Mr. Croker—. Pues naturalmente. Día y noche y todos los días. Ahora, si se puede probar que yo tomo un dólar del dinero municipal, que me corten un brazo.

Lo más interesante del caso, es que, al pedírsele a Croker, explicación de la inmensa fortuna que hoy disfruta, para mantener palacios en Londres y en New York, contestó enérgicamente «Que eso era de sus negocios privados» y añadió que no se prestaba a satisfacer esas investigaciones, por que las estimulaba «uno de sus rivales.» ¡El boss Platt!

Por último, el doctor S. E. Sparling, en un estudio muy reciente sobre las ciudades americanas leído en Milwaukee —septiembre de 1900— nos dice, acerca de la contabilidad municipal, lo siguiente:

Quien haya tenido ocasión de observar las operaciones financieras de las pequeñas ciudades de los Estados Unidos, se impresiona por la confusión y la falta de sistema que prevalece. La poca atención que se da a las cuentas públicas, hace imposible adquirir una noción del estado financiero de una ciudad, en un tiempo determinado, o hacer cualquier comparación entre varias ciudades. La formación de un presupuesto anual, es cosa desconocida.

Realmente eso es una nota aguda, en orden de desorganización.

Tal vez no se llega hoy a tanto, ni en España ni en Cuba.

Lo expuesto basta para recordar el aforismo «nemo dat quod non habet». Sea cual fuere la «buena voluntad de los representantes de la Intervención americana en Cuba, es de muy dudosa aceptación cuanto en orden de gobierno local hayan podido traernos.

Carecen, en ese aspecto, de sistemas y hasta de principios.

Sus experiencias en el Gobierno local, constituyen un fracaso notorio.

Claro está que eso no afecta la alta idea que, de la moral y de la justicia, tiene el noble pueblo americano, ni es posible desconocer que allí hay una pléyade de sabios trabajando por la regeneración de ese aspecto del Gobierno y seguramente lo conseguirán.

New York misma, azotada por Tammany Hall —que es una fatídica asociación sin criterio político definido, con la única divisa de dominar y explotar las influencias del gobierno local, tan poderosa que pudo dominar la gran metrópoli, hasta en las elecciones que iniciaron su consolidación con Brooklyn— ha logrado ya vencer, aunque parcialmente, a ese coloso, eligiendo para Mayor, últimamente, a uno de los americanos más dignos por su virtud y su talento, el ilustre Seth Iyow.

Pero a los juicios formados por sus mismas autoridades en la materia, nada hay que quitarle. Contienen una verdad absoluta. Los americanos constituyen, en esto, para nosotros los cubanos, un pésimo ejemplo.

El eclecticismo, pues, por vía de recopilación o adaptación, sería, en este caso, una política suicida, en tanto que significa tomar algo de lo malo español y algo de lo peor americano, que es cuanto tenemos aquí para el efecto.

Si así lo hiciéramos, ambos modelos —España y los Estados Unidos— se maravillarían de encontrar en un Estado culto y tan moderno, imitadores de sus enormes desaciertos.

Y no hay para que decir el juicio que entonces formaría el Mundo de nuestra capacidad legislativa. Tendríamos que atribuirnos, sumadas, todas las duras críticas que, españoles y americanos, hacen, con razón, de sus respectivos sistemas municipales.

A qué necesitamos atenernos

Ahora bien, si no cabe adaptación a la Ley Municipal española que aún nos rige, ni imitación de lo que en ese orden nos ofrece la gran República vecina, y necesitamos resistir, en esto, su influencia social y política, que nos penetra incesantemente ¿cuál es, entonces, el camino?

¿Dónde están los ejemplos saludables? ¿Dónde las experiencias que sean de posible aplicación a nuestro carácter nacional, según nuestro estado de cultura?

Pues, hay que recoger la corriente científica moderna, que data de menos de medio siglo y que nos presenta hoy, al gobierno local, tal como es, verdadero gobierno, con las consiguientes manifestaciones del poder —Legislativo y Ejecutivo— dado que, sin esto, no lo sería.

Entre nosotros, está empequeñecido el asunto, porque la palabra «municipio» nos evoca la única manifestación que de ello podía resultar dentro de la atrofia política realizada por el sistema municipal de España, traído a Cuba.

El asunto siempre fue interesante, grande. Lo pequeño, es su interpretación por la Francia napoleónica y la imitación de ésta, por España.

Sociedad por Sociedad, ambas son análogas, la nacional y la local. Pero ésta es más real, más efectiva, más sentida, más vivida. Aquella es más abstracta, no se le abarca, no se palpa su realidad viviente.

G. E. Howard, en su notabilísima obra *Focal Constitucional History of the United States*, elogiando los trabajos del eminente sabio alemán Gneist, sobre la autonomía local inglesa, dice que una historia de las Instituciones locales, tiene el mismo nivel, en dignidad y elevación, que la historia misma del Estado» y llama «hombres de Estado en lo local», a los gobernantes municipales que saben darse cuenta de la alta trascendencia de su misión.

Tanto los autores españoles —Mellado, obra citada, pág. 193— como los ingleses y americanos, reconocen que, un Alcalde caracterizado a la altura de su representación, es más que un Ministro.

Baste observar que éste último concreta su acción a un solo Ramo de la Administración pública, mientras que el Alcalde las alcanza todas. Aquél debe su posición y su poder a un decreto emanado de la voluntad de un hombre.

Este es obra de la voluntad del pueblo y la representación efectiva de la soberanía popular, sea elegido directa o indirectamente.

El burgomaestre alemán, es una altura social y política.

El Mayor inglés, está, rodeado de tradicional veneración.

El Mayor americano, con su «veto» legislativo y su enorme poder de nombramientos y cesantías, se excede a todos en autoridad —aunque no generalmente en cultura y carácter— llegando a considerársele como un zar de las localidades, un verdadero autócrata. Véase *The Coming City* por R. T. Ely, pág. 37.

Los sueldos que en Norteamérica reciben, revelan la alta importancia del cargo. El Mayor de Greater New York, tiene al año $15,000; el de Filadelfia $12,000; los de Pittsburg y Chicago, $7,000, etc., etc.

Cuba tiene que realizar, en esta materia, un doble avance.

Primero, desde el patrón colonial, a la situación de Estado independiente; puesto que, recibir leyes, órdenes, o decretos, no es lo mismo que dárselos el país, a sí propio, en ejercicio de su soberanía.

Pero, además, de eso, acontece que, no basta salimos del patrón colonial, sino que hay que salir también de la tradición municipal española.

Es decir, hay, que dejar los moldes anacrónicos del presente Municipio español, para entrar en el cuadro del Municipio moderno que la Constitución nos traza.

El primer paso, es, dejar los moldes coloniales. El segundo, es, no caer en el cuadro nacional español, sino en el de los Estados progresistas.

La obra es de tal naturaleza, que, se lucha hasta con el sonido de los vocablos técnicos.

Las palabras «legislatura» «legislativo», etc., aplicadas al gobierno local, se rechazan, a priori, más por que se las encuentra nuevas, que por que se las considere impropias.

¿Cómo impropias, si cada Ayuntamiento se hace su «Presupuesto» y éste es, típicamente, la Ley para la hacienda municipal?

La misma Ley de organización y Régimen Provincial, que acaba de ser promulgada entre nosotros, trata de la «Legislatura» de los Consejos provinciales. —Véanse, entre otros, los artículos 23, 24, 27, inciso 59 y 34.

De modo que el principio técnico, tiene la sanción reciente del Congreso. ¿Y se concibe, acaso, que una «Legislatura» no haga leyes?

Después de todo, aunque así no se denomine al resultado de la función, siempre la función misma, como deliberante, es técnica «legislativa;» frente a la función práctica, de administración, de ejecución, que es, por fuerza la «ejecutiva».

Y si eso pasa en el gobierno de las provincias, que son mero artificio de la Ley, creación no necesaria, en muchos casos, del poder central ¿cómo negarlo al Municipio, que es unidad total, anterior al Estado mismo, absolutamente necesario, como factor vivo de la nación y dentro del cual se dan todos los fines sociales —jurídico, económico, intelectual y moral— siendo preciso al Gobierno municipal satisfacerlos todos?

Una Provincia puede suprimirse, en Cuba, lo mismo que se suprime una Aduana, o una Audiencia; mientras que un pueblo es una persona colectiva, viva, pensante y efectiva, para quien una sentencia de muerte civil, es un absurdo. El hecho se impone con todas sus consecuencias.

No hay un solo tratadista moderno dé Gobierno municipal, que no llame al Ayuntamiento, Cámara Legislativa local.

Y no solo los autores alemanes, ingleses y norte-americanos, Gneist, Blake, Fiske, etc., sino los mismos españoles, Azcárate, Costa y cuantos tratan en España, de algo que no sea el actual Municipio español.

Refiriéndose el último autor citado, al Municipio de León, tiene un capítulo titulado así: «El Concejo, como Poder Legislativo constituyente», y hablándonos del Registro dice: «es el acta de la sesión del Concejo, funcionando como poder legislativo.» Véanse págs. 279 y 280; obra citada.

La función legislativa más elevada, es la de crear impuestos, por qué constituye verdadero acto de soberanía y ¿no la tienen los Ayuntamientos?

Claro está que no se necesita romper de frente con la fuerza de la costumbre, ni alarmar a los escrupulosos con la frase «Leyes municipales.»

Es más sencillo y más prudente mantener —porque el nombre no hace las cosas— que los Ayuntamientos actúan mediante ordenanzas, acuerdos y resoluciones.

Pero no dejará de ser, por eso, el Ayuntamiento, la Cámara legislativa del Gobierno local, como no dejaba de estar, jamás, la cabecera de la mesa de Sancho, donde quiera que se sentara Don Quijote. ¡Al fin, somos sustancialmente españoles!

También hay que darnos cuenta de que un Ayuntamiento del corte estatuido por nuestra Constitución, templado a la moderna, tiene la misión principalísima de determinar la política local.

Ahora, es preciso fijar conceptos. Es decir, que nuestro pueblo distinga entre la batalla de los partidos que luchan sobre la política del Estado, por una parte, y vea, como cosa muy distinta, lo que es la política local.

Esto último se ciñe, según queda expuesto, a la determinación de la conducta que mejor convenga, para que el Gobierno municipal satisfaga, en cada caso, las necesidades comunes de las personas comprendidas dentro del término municipal y la prosperidad, bienestar y mayor cultura posible de la sociedad local, o sea, la municipalidad.

Política local, política interior, que no sale de los límites del Municipio y que se desenvuelve, mediante acuerdos del Ayuntamiento, sobre los asuntos que interesan tan solo al término municipal.

La política municipal de la Habana, puede inclinarse, tal vez, a urbanizar sus alrededores, preparando una Greater Habana, como, lo fue en New York su consolidación con Brooklyn; la del Roque acaso sea remediar sus periódicas inundaciones; la de Regla, crear, de nuevo, su Municipio secular, airadamente suprimido, etc.

Política local que siempre cede hacia el aspecto práctico o administrativo, puesto que el Gobierno municipal es mayormente administración que política.

De ahí la famosa generalización de la Liga de Buen Gobierno de New York, «El Gobierno Municipal es negocio;

no es política.»— Para atraerla atención al aspecto práctico dominante del Gobierno municipal —administrar bien.

Se necesita, pues, romper, en firme, con preocupaciones y con hábitos; darle forma en la Ley Municipal, al concepto científico moderno del Municipio, dentro de lo que la Constitución establece, y hacer bueno, para los Municipios, en los hechos, el deseo del insigne Franklin, cuando en famosa invectiva a los Poderes superiores, les decía, «dejadnos gobernar y no nos gobernéis demasiado» —hermosa síntesis, de una bien entendida autonomía.

El problema, por fortuna, tiene facilitada su solución.

Las dificultades más fundamentales, las allanó, con su alto sentido y su plausible acierto, nuestra Constitución. Ella es un impasable valladar, para que no lleguemos —que de otro modo llegaríamos fatalmente— a las «charters», ni a los «boss», ni a los poderes enumerados, ni a la indebida tutela legislativa, ni a los múltiples cargos de elección directa; a todo eso que desacredita las instituciones locales de los Estados Unidos.

Por fortuna, todo eso es ya imposible intentarlo, porque sería inconstitucional.

A más, la separación de poderes municipales; la amplia consagración del self-government local, sin ambigüedades de tecnicismo; la exclusiva fijación de la ingerencia administrativa central sobre los municipios y la evocación de la voluntad popular, para el caso de votar empréstitos; son puntos básicos suficientes para que sirvan de hermoso pedestal a un Municipio cubano, adaptado a los progresos de la ciencia.

Y si, pues, estamos defendidos de los mayores vicios que seguramente nos invadirían y, además, quedamos bien encaminados; ya eso es media batalla, Lo que resta por hacer, es obra de estudio comparativo, de depuración científica, de levantar el espíritu a la altura que demanda el prestigio y el interés de la patria; porque, hay que decirlo, la Ley municipal será, factor esencialísimo en la definición de nuestros destinos.

Ese apotegma del ilustre Sismondi, que utilizamos como lema en el primer capítulo de este trabajo, encierra una filosofía profunda.

El Municipio es, en efecto, la verdadera Patria;porque es laque vemos, laque conocemos con todos nuestros sentidos.

En la organización social, nadie se sustrae de la acción inmediata, constante y trascendental, que ejercen, inevitablemente, la familia y el Municipio; porque son las dos primeras manifestaciones de la vida de relación.

El hombre, inconscientemente, templa su alma según las reglas de su hogar y según las ordenanzas de su municipalidad.

El simple hecho de la concentración de habitantes, dentro de una área relativamente pequeña, trae consigo la necesidad de adaptar la conducta personal a las condiciones materiales en que se vive y eso produce un nuevo concepto de la responsabilidad individual y una nueva idea sobre las posibilidades de la acción colectiva organizada.

Ese concepto de la responsabilidad y esa idea de lo que significa la acción organizada, constituyen el embrión de las dos más enormes fuerzas sociales que dominan el Mundo.

El sabio doctor L. S. Rowe, tratando de la psicología del Municipio, dice: «Consideremos un momento las causas que generan nuestra natural devoción al "honor" de la familia, y la disposición constante a sacrificarnos por el interés del "hogar", y comprenderemos el tremendo poder de esa fuerza cívica.»

La suma de todas esas fuerzas, se anida en cada pueblo, y ese inmenso poder, que no puede recogerlo eficazmente el Gobierno del Estado, porque se lo impiden su misma abstracción y su magnitud territorial, está al alcance del Gobierno municipal, porque el Municipio es el círculo inmediato a la familia y los sentimientos en ésta alimentados, puede, por razón de distancia, ponerlos fácilmente en acción quien dirija la sociedad local.

En los grandes conflictos nacionales; España, bajo la invasión napoleónica; Francia, ante su fracaso con Alemania; en todo lo que conmueve hondamente la patria, se ve la acción individual de cada pueblo, trabajando, por su Patria, su propio destino y despertando esas potentes enérgicas, de fuerza incalculable, que resultan su mando la dignidad o el sentimiento.

Y por eso la verdadera patria, la real, la que vive y siente ¡ah! esa hay que buscarla en los pueblos y el secreto de sus resortes está en el Gobierno de los Municipios.

En ellos se forma el ideal, se vigoriza con el hábito, se arraiga al suelo y el tipo nacional, así fundido, se defiende solo contra las tempestades del Destino.

Tres Imperios unidos, los colosos del Mundo, hace ya un siglo que inútilmente intentan arrancar de un pedazo de tierra, políticamente dominado, el noble tipo nacional polaco, que se defiende en el recinto de sus pueblos, al sacro amor de sus costumbres y sus tradiciones.

Una organización municipal que, alentando en cada pueblo la acción colectiva, despierte energías dormidas y dé la idea de las enormes posibilidades a que se llega con la acción conjunta, dignificando, así, al ciudadano, que adquiere la noción de lo que puede para el bien común; una Ley Municipal que establezca el gobierno propio y sea una Ley educadora, que lo haga obligatorio, enseñando a practicarlo; una Ley municipal que se inspire en el moderno concepto socialista del Municipio y, para realizarlo con prudencia, traiga, obligadamente, al gobierno del pueblo, el concurso indirecto, pero activo, de cuanto en cada pueblo valga y sepa, como lo hacen Alemania e Inglaterra, y lo copió brillantemente Boston; una Ley municipal que declare y desenvuelva, cómo y por qué, la «Vecindad» es la ciudadanía municipal y que a cada ciudadano del Municipio, le dé idea clara de lo que significa su acción inteligente y asidua, para llenar los fines nacionales y de lo que significa su prestigio público, para elevar la dignidad misma de la Patria; esa Ley municipal planteada en Cuba, caracterizaría el tipo nacional cubano, para que perdurase, a despecho de todo; haría cubanos, dotados del valor cívico, que se necesita hoy, para salvar la Patria, tanto cuanto se necesitó ayer, para lo mismo, el valor militar.

La sabiduría y alto patriotismo de nuestros dignísimos Senadores y Representantes, sin duda bastan para lo que requiere la obra difícil a ellos encomendada.

Venga, esa Ley municipal, esencialmente cubana, tal como Cuba la necesita, en el duro Calvario que le espera.

Y si el Congreso así lo hiciere, desenvolviendo los nobles fines de la Constitución, será obra patriótica por excelencia; será ¡quien sabe! la más efectiva revisión posible de la famosa enmienda Platt.

Ante la Historia, dentro del ajedrez político, está indudablemente planteado un gravísimo problema de razas.

La Ley municipal de Cuba es una jugada de trascendencia.

Al Congreso le toca decidirla.

Libros a la carta

A la carta es un servicio especializado para
empresas,
librerías,
bibliotecas,
editoriales
y centros de enseñanza;
y permite confeccionar libros que, por su formato y concepción, sirven a los propósitos más específicos de estas instituciones.

Las empresas nos encargan ediciones personalizadas para marketing editorial o para regalos institucionales. Y los interesados solicitan, a título personal, ediciones antiguas, o no disponibles en el mercado; y las acompañan con notas y comentarios críticos.

Las ediciones tienen como apoyo un libro de estilo con todo tipo de referencias sobre los criterios de tratamiento tipográfico aplicados a nuestros libros que puede ser consultado en Linkgua-ediciones.com.

Linkgua edita por encargo diferentes versiones de una misma obra con distintos tratamientos ortotipográficos (actualizaciones de carácter divulgativo de un clásico, o versiones estrictamente fieles a la edición original de referencia).

Este servicio de ediciones a la carta le permitirá, si usted se dedica a la enseñanza, tener una forma de hacer pública su interpretación de un texto y, sobre una versión digitalizada «base», usted podrá introducir interpretaciones del texto fuente. Es un tópico que los profesores denuncien en clase los desmanes de una edición, o vayan comentando errores de interpretación de un texto y esta es una solución útil a esa necesidad del mundo académico.

Asimismo publicamos de manera sistemática, en un mismo catálogo, tesis doctorales y actas de congresos académicos, que son distribuidas a través de nuestra Web.

El servicio de «libros a la carta» funciona de dos formas.

1. Tenemos un fondo de libros digitalizados que usted puede personalizar en tiradas de al menos cinco ejemplares. Estas personalizaciones pueden ser de todo tipo: añadir notas de clase para uso de un grupo de estudiantes, introducir logos corporativos para uso con fines de marketing empresarial, etc. etc.

2. Buscamos libros descatalogados de otras editoriales y los reeditamos en tiradas cortas a petición de un cliente.

www.ingramcontent.com/pod-product-compliance
Lightning Source LLC
Chambersburg PA
CBHW020607030426
42337CB00013B/1263